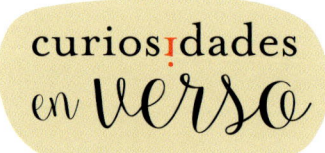

1.ª edición: enero 2024

© Del texto: Sagrario Pinto y M.ª Isabel Fuentes, 2024
© De la ilustración: Lucía Serrano, 2024
© Grupo Anaya, S. A., 2024
Valentín Beato, 21. 28037 Madrid
www.anayainfantilyjuvenil.com

ISBN: 978-84-143-3498-0
Depósito legal: M-32344-2023
Impreso en España - *Printed in Spain*

PAPEL DE FIBRA
CERTIFICADA

Sagrario Pinto · M.ª Isabel Fuentes

Los castillos

Ilustraciones de Lucía Serrano

ANAYA

El castillo

Sobre colinas y montes,
hace tiempo, en la Edad Media,
se construyeron castillos,
¡auténticas fortalezas!

Lugares donde vivían
las familias y sirvientes
de reyes, princesas, príncipes,
condes, duques y marqueses.

Lo primero que impresiona
son sus murallas y almenas,
con su camino de ronda
y sus ventanas troneras.

Alrededor tiene un foso
con un puente levadizo.
Por su puerta barbacana
nadie pasa sin permiso.

El **patio** de armas

Al entrar hay un gran patio
que estuvo lleno de vida,
con talleres artesanos,
un pozo y una herrería.

Viven allí los sirvientes,
y allí se instruye la tropa.
Están las caballerizas
y hay también una mazmorra.

La torre del homenaje,
en la que ondea el pendón,
es el lugar donde vive
con su familia el señor.

Es alta, de varios pisos,
tiene un pequeño almacén,
un gran salón y aposentos
con sus camas con dosel.

La **vida** en el castillo

El castillo es frío, húmedo
y muy oscuro también.
Aunque parezca de cuento,
no es fácil vivir en él.

Los sirvientes obedecen
y la señora organiza.
Las niñas y niños juegan…
¡Qué ajetreo en la cocina!

Los banquetes

En el salón del castillo
se celebra un gran banquete
con ricos guisos de caza:
faisanes, perdices, liebres…

Y luego, frutos y dulces.
Y de postre, lo mejor:
las canciones del juglar
y las risas del bufón.

La **caza** y la cetrería

Con la caza, los señores se entrenan para el combate persiguiendo jabalíes, osos y otros animales.

Una caza de altos vuelos
es la cetrería mayor,
para la que adiestran aves
como el azor y el halcón.

En la Edad Media, el señor
también es un caballero,
y en las épocas de paz
participa en los torneos.

Montado sobre un caballo
luce su cota de malla,
se protege con un yelmo
y empuña muy bien la lanza.

Caballeros y escuderos

Para ser un caballero
hay que demostrar valor,
ser de una familia noble
y recibir formación.

De niño puedes ser paje,
y de joven, escudero,
y con constancia y esfuerzo
quizás te armen caballero.

Los campesinos cultivan
las tierras de su señor.
Viven fuera del castillo.
¡Trabajan de sol a sol!

Los **campesinos**

Cuidan de los animales,
en mil tareas se afanan,
y al final del día duermen
sobre jergones de paja.

¡A *defenderse* tocan!

Cuando el enemigo ataca,
familias de campesinos
corren con sus animales
a refugiarse al castillo.

Con ballestas y con arcos,
con catapultas y piedras…,
soldados y caballeros
organizan la defensa.

Disfruta con las palabras, desarrolla tu ingenio y tu creatividad a través de rimas sencillas con las que podrás adentrarte en el maravilloso mundo de los castillos medievales.

🔸 Agudiza tus neuronas y ponlas a funcionar: ¿quién falta en cada casilla del sudoku medieval?

🔸 Y puedes pasarlo en grande, con tus amigas y amigos, y afinar tu puntería con un juego entretenido:

Hay que intentar derribar los muros de este castillo formado por unos botes decorados con estilo. Una pelota de goma es toda la munición. ¡Seguro que en este juego serás todo un campeón!

Con un churro de piscina, cinta, goma eva y lana, podrás hacer tu caballo, compañero de batallas:

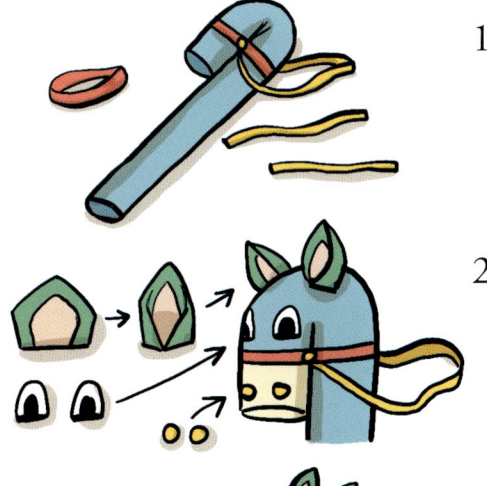

1. Dobla el churro por arriba para formar la cabeza, sujeta con una goma y haz con cinta las riendas.

2. Con trozos de goma eva, forma hocico, ojos y orejas, y, como en este modelo, pégalos a la cabeza.

3. Por último, forma las crines con largas hebras de lana. ¡Y ya puedes cabalgar en un torneo o batalla!

Si quieres hacer reír, e imitar a los bufones, prepárate un buen sombrero, ¡y que sea de colores!

Con cartulina, una regla, un lápiz y pegamento, ¡sin olvidar las tijeras!, haz tu sombrero al momento.

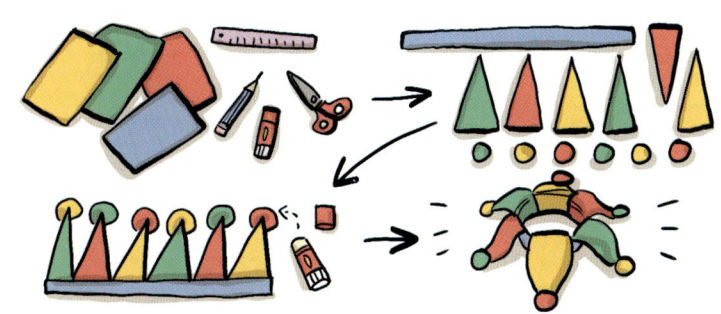